ALLOCUTION

PRONONCÉE PAR SA GRANDEUR

MGR DUQUESNAY

Évêque de Limoges

Le 10 Juillet 1878

EN L'ÉGLISE PAROISSIALE DE SAINT-AMABLE DE RIOM

POUR LE MARIAGE DE

Monsieur le Baron Roger DE LA BORIE DE LA BATUT

ET DE

Mademoiselle Marie PREUX

CLERMONT-FERRAND
IMPRIMERIE CENTRALE. — MALLEVAL
8, Avenue Centrale, 8.

1878

SOUVENIR

DU

10 JUILLET 1878

ALLOCUTION

PRONONCÉE PAR SA GRANDEUR

MGR DUQUESNAY

Evêque de Limoges

Le 10 Juillet 1878

EN L'ÉGLISE PAROISSIALE DE SAINT-AMABLE DE RIOM

POUR LE MARIAGE DE

Monsieur le Baron Roger DE LA BORIE DE LA BATUT

ET DE

Mademoiselle Marie PREUX

CLERMONT-FERRAND
IMPRIMERIE CENTRALE. — MALLEVAL
8, Avenue Centrale, 8.

—

1878

DISCOURS POUR LE MARIAGE

DE

Monsieur le Baron de la Batut

ET DE

Mademoiselle Marie Preux

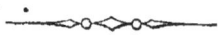

Mon cher Fils et ma chère Fille,

Ils vont s'accomplir sur vous les éternels desseins de Dieu; car ce n'est ni le hasard, ni les seules convenances sociales, ni même exclusivement l'attrait mutuel qui vous réunissent, c'est la très-paternelle et très-sage volonté de Dieu. Et c'est bien pour cela que vous pouvez et devez avoir pleine confiance.

Ce que nous arrangeons nous-mêmes avec nos meilleures intentions et nos plus prévoyantes combinaisons pêche toujours par quelqu'endroit et est susceptible de mal tourner ; ce que Dieu ordonne, si nous ne contrarions pas cet ordre par un abus de notre liberté, réussit toujours, arrive toujours au but final, lequel est notre sanctification et par conséquent notre bonheur, même ici-bas.

Il m'est particulièrement agréable d'être en cette circonstance le ministre des bénédictions de Dieu sur vous, d'abord parce que vous êtes l'un et l'autre de ces êtres privilégiés qui ont le don de conquérir par leurs aimables qualités l'estime et l'affection de tous ceux qui les connaissent. J'ai encore d'autres raisons pour m'associer aux joies de vos noces. Je ne saurais ni ne voudrais oublier les rapports que j'ai eus avec l'honorable chef du parquet de notre Cour de Limoges. Comme tous vos collègues de cette Cour et aujourd'hui comme tous vos collègues de la Cour de Riom, comme toute la société de ma chère ville épiscopale, j'ai pu apprécier en vous, Monsieur le Procureur général, le caractère élevé du magistrat, la cordiale affabilité de l'homme privé, les vertus sincères du chrétien. Et pendant que du haut de votre siége, vous saviez si bien revendiquer parmi nous les droits de la justice et maintenir la sécurité de l'ordre public, votre chère et digne compagne apprenait à nos dames de Limoges l'art divin de la charité envers les malheureux et les souffrants; vous étiez tous deux pour l'Evêque une consolation et un appui ; de nos mutuels rapports, qui avaient pour principe l'émulation du bien, est née (je ne crois pas être téméraire en le disant) une de ces bonnes et fortes amitiés qui défient toutes les vicissitudes de l'existence. Oui, je devais être ici aujourd'hui, oui, j'avais des titres pour réclamer l'honneur et la joie d'être le ministre de cette bénédiction nuptiale.

Vous n'êtes pas non plus pour nous un inconnu, mon cher fils, vous aussi vous m'appartenez et par votre séjour à Limoges, et par les relations que nous y avons eues, et par toutes les sympathies que vous y avez laissées. Je vous ai toujours trouvé prêt à me seconder, dans la mesure de vos fonctions administratives, quand il s'est agi des intérêts temporels de nos paroisses. Or, dans un temps où la Religion n'a pas précisément pour elle les faveurs du pouvoir et des foules, il y a de la part d'un administrateur courage et mérite à se montrer le protecteur impartial de l'Eglise et du clergé. Votre pieuse mère sera heureuse d'entendre un Evêque rendre publiquement ce témoignage à son fils ; elle remerciera Dieu de ce que celui-ci, comme ses autres frères, est fidèle aux traditions de foi et d'honneur que vos ancêtres vous ont léguées.

Mais je vous dois, ainsi qu'à vos parents, mieux et plus que des hommages et des félicitations ; je vous dois des conseils et une direction pour votre nouvelle vie. Cette vie ne sera certainement pas dépourvue de charmes ; elle aura aussi son côté grave et austère ; si elle apporte avec elle de pures joies, elle impose aussi des devoirs très-sérieux.

Les joies de la famille ! ah ! ce sont les meilleures, j'allais dire les seules de la vie. Vous le savez bien, car vous les avez goûtées, n'en cherchez jamais d'autres.

Des satisfactions sont nécessaires à l'homme pour son esprit et pour son cœur, aussi bien que le repos et un air vivifiant pour sa santé physique. L'homme public en a peut-être besoin plus qu'un autre. Or, ces satisfactions vous les trouverez dans la vie à deux et dans le cercle intime de la famille. Vous êtes jeunes, vous êtes purs et honnêtes, vos esprits sont cultivés, votre goût est développé et réglé, vous savez causer, don très-rare et très-délicat. Ah ! dès lors pourquoi vous, mon fils, iriez-vous dans des cercles, par exemple, ou ailleurs, chercher des distractions, qui ne vaudraient jamais celles que vous dédaigneriez ? Pourquoi, vous, ma Fille, iriez-vous consumer votre temps dans des conversations banales quand elles ne sont pas dangereuses ou peu indulgentes. Restons, restons chez nous ! restons, restons entre nous ; on y est si bien ! Le cœur, l'esprit, la santé, la fortune domestique, le présent, l'avenir, tout y gagne.

Outre les satisfactions de l'esprit, du cœur, de l'imagination, de la sensibilité qui se goûtent dans la vie de famille, il en est d'autres plus pénétrantes et plus intimes, plus nobles et plus pures encore, parce qu'elles s'adressent à l'âme dans sa partie supérieure et qui, partagées par l'époux et l'épouse, communiquent à leur vie de ces béatitudes, de ces enthousiasmes, de ces ravissements qu'on pourrait croire réservés au Ciel ; j'entends parler des joies délicieuses de la vie chrétienne. Ce que je vais vous dire là, je ne le dirais pas à tous, ils ne me comprendraient pas ; mais je sais que vous avez une parfaite intelligence et un sentiment exquis de cette vérité.

La Foi, c'est un ciment, un ciment indestructible qui unit et fond les âmes comme pas une autre force au monde. Sous l'influence divine de la Foi disparaissent les oppositions ou dissemblances des caractères, les diversités d'éducation, les inégalités d'intelligence, tout ce qui sépare, tout ce qui éloigne et tient à distance. Par la Foi, devenue un feu, une flamme, un foyer ardent, s'allument dans les âmes des unions qui, sans détruire les amours d'ici-bas, les purifient, les transfigurent et leur donnent une solidité qui défie l'adversité, résiste au temps et ne connaît jamais la satiété. Sous la vive et triomphante action de la Foi, l'âme humaine a des aspirations, ressent des ardeurs, est subjuguée par des enthousiasmes qui agrandissent toutes ses puissances et la font vivre d'une vie qui n'est pas encore la vie céleste, mais qui surpasse toute vie terrestre et tout sentiment : *Quæ exsuperat omnem sensum.* Ah ! que je plains ceux qui, en m'entendant, ou ne me comprennent pas, ou pensent que je m'égare dans je ne sais quel mysticisme maladif et dangereux. Non, non, je ne m'égare pas ; non, je n'exagère pas ; je reste même au-dessous de la réalité ; je vous révèle, je vous signale les joies suprêmes de la vie ; vous les souhaiter, c'est vous désirer le souverain bien. Procurez-vous-les, elles sont à votre portée : vous les trouverez en priant ensemble tous les jours, en allant ensemble, chaque dimanche, assister au divin Sacrifice, surtout en vous agenouillant à côté l'un de l'autre à la Sainte Table. Faites de votre maison nuptiale comme une succursale du temple saint ; que l'image de Jésus crucifié et celle de la Vierge-Mère aient chez vous leur place d'honneur ; que sur les rayons de votre bibliothèque les livres de doctrine et les vies de nos saints soient à votre portée ; avant et après les repas de famille priez Dieu, remerciez-le de ses dons ; dans les événements prospères ou fâcheux, sachez voir Dieu, son action paternelle et toujours miséricordieuse ; oui, vivez ainsi, et, je vous le garantis, vous aurez tous les bonheurs : ceux de la terre que vous sentirez mieux et ceux du Ciel qui dépassent tout.

Tant que nous serons sur cette terre, il y a quelque chose qui passera avant les joies, qui s'y mêlera, qui en sera même comme l'arôme conservateur : c'est le devoir. Le mariage a les siens, il en impose aux Epoux qui sont propres à chacun et d'autres qui leur sont communs.

Votre principal et spécial devoir, mon cher Fils, c'est la protection, c'est aussi l'exemple. J'ai dit la *Protection*, je n'ai pas dit le commandement. Sans doute l'autorité est un droit que je suis loin de nier : *Vir caput mulieris;* mais, chez le mari chrétien, ce droit incontestable a ses restrictions et suppose bien des ménagements. La protection, vous la devez à la femme que vous choisissez ; elle en a besoin, elle y compte. La femme est un être faible et exposé à bien des périls : périls pour sa vie corporelle, périls pour son cœur qui, à cause de sa sensibilité, est plus susceptible ou de se laisser abattre par l'épreuve, ou de se laisser séduire par les affections ; périls pour son âme qui s'inquiète, se trouble, flotte douloureusement dans le doute et l'indécision. Protégez-la, cette chère compagne, comme l'ont protégée jusqu'ici son Père et sa Mère ; que son cœur s'appuie sur le vôtre comme son bras s'appuie sur votre bras : à vous de la soutenir, de la consoler, de l'éclairer et de la guider.

Mais vous comprenez que pour cela, il faut lui donner l'exemple, l'exemple qui est le premier de tous les devoirs pour celui qui est maître.

Vous prenez charge d'âme, mon Fils; la responsabilité qui vous incombe est très-grave; elle exige de l'expérience, acquérez-la par une vie sérieuse et réfléchie; elle suppose de l'autorité, vous la devrez à vos vertus plus qu'à votre sexe; elle demande du tact, de la délicatesse, la possession de vous-même : la douceur unie à la fermeté, la modération du langage vous permettront de dire beaucoup et bien. La protection et l'exemple, tels sont vos devoirs particuliers; ils sont, à eux seuls, un grand honneur pour ceux qui en ont la charge.

Quant à vous, ma chère Fille, vous avez aussi vos devoirs particuliers; s'ils sont moins glorieux, ils sont plus doux, et leur accomplissement n'est pas non plus sans mérite.

Vous avez le devoir de la confiance et d'une tendre soumission : la confiance, parce qu'un mari c'est un ami sûr; la soumission, parce qu'un mari c'est un doux seigneur et maître. Ma chère Fille, vous n'avez jamais rien eu de caché pour votre Père et votre Mère, n'est-ce pas? N'ayez jamais de secret pour votre mari;

dites-lui tout, tout, entendez-vous? vos plaisirs, vos peines, vos joies, vos désirs, vos espérances. Quand votre Père et votre Mère avaient répondu à vos confidences, vous étiez calme et rassurée ; au besoin, vous saviez vous résigner ; jamais on ne vous a vue triste et mécontente. Quand le cher mari aura, lui aussi, répondu à sa chère femme, qu'elle soit donc apaisée et tranquille; que son front soit serein, sa lèvre souriante, ses yeux clairs et limpides. La confiance ! oh ! la bonne chose dans la vie à deux ! La confiance pleine, entière, sans réserve, ah ! c'est la tendresse de l'amour, c'est le *Cor unum* et l'*Anima una* de l'Evangile. Soyons confiante, ma Fille ; et puis, pour rester dans notre rôle providentiel, soyons soumise ; mais entendons-nous, non pas soumise comme une esclave, non pas comme une inférieure vulgaire; soumise comme une compagne qui sent la sagesse et la force de son ami, soumise comme à un doux maître qu'on a soi-même librement choisi, soumise, en un mot, avec joie, abandon, amour. Tels sont vos devoirs particuliers.

Franchement, je ne trouve pas qu'ils soient un joug lourd et pesant ; ni vous non plus, je l'espère.

Vous avez des devoirs communs, puisque votre vie est commune. Le premier de ces devoirs, c'est d'honorer votre mariage par la sainte vertu de pureté: *Honorabile connubium, thorus immaculatus.* Il y a la chasteté du mariage comme il y a la pudeur de la virginité. Soyez toute votre vie de chastes Époux ; respectez-vous mutuellement, vous ne vous en aimerez que davantage. Je n'insiste pas, mais on a tellement profané le mariage dans notre siècle et dans notre pays, que je devais à tous ce salutaire avis.

Votre devoir commun, c'est l'éducation chrétienne des enfants qu'il plaira à Dieu de vous donner. Puissiez-vous les voir nombreux et beaux autour de vos foyers ! Puissiez-vous les voir jusqu'à la troisième et quatrième génération ! Pour les élever chrétiennement, vous n'aurez qu'à leur répéter les leçons que vous avez vous-mêmes reçues de vos chers Parents ; aujourd'hui mieux que jamais vous comprenez ce que vous leur devez. Si vous trouvez l'un et l'autre une alliance honorable et offrant des garanties de bonheur ; si toute cette cité, dans ses magistrats les plus éminents, dans ses représentants les plus accrédités, vous fait cortége et vous accompagne de ses vœux ; si le Pontife lui-même, sortant de sa retraite habituelle, vous apporte, avec l'honneur de sa présence, la plénitude de ses bénédictions ; si, en un mot, vous entrez dans la vie réelle sous tous ces heureux et brillants auspices, à qui le devez-vous ? A vous, bonnes Mères, qui les avez engendrés deux fois, leur donnant la vie du corps et celle de l'âme ; à vous, excellent Père, qui aujourd'hui couronnez votre fille de l'honneur et de la dignité de votre propre vie.

Et maintenant, montons au saint autel. Que Jésus vienne, comme autrefois aux noces de Cana; qu'il y vienne avec Marie sa Mère, pour bénir les Époux, pour changer l'eau en vin, l'eau fugitive et amère des joies du temps en un vin pur et généreux, le vin des joies de la vertu et du bonheur sans fin.

Ainsi soit-il !

† Alfred, *Évêque de Limoges.*

CLERMONT, IMP. CENTRALE. — MALLEVAL.

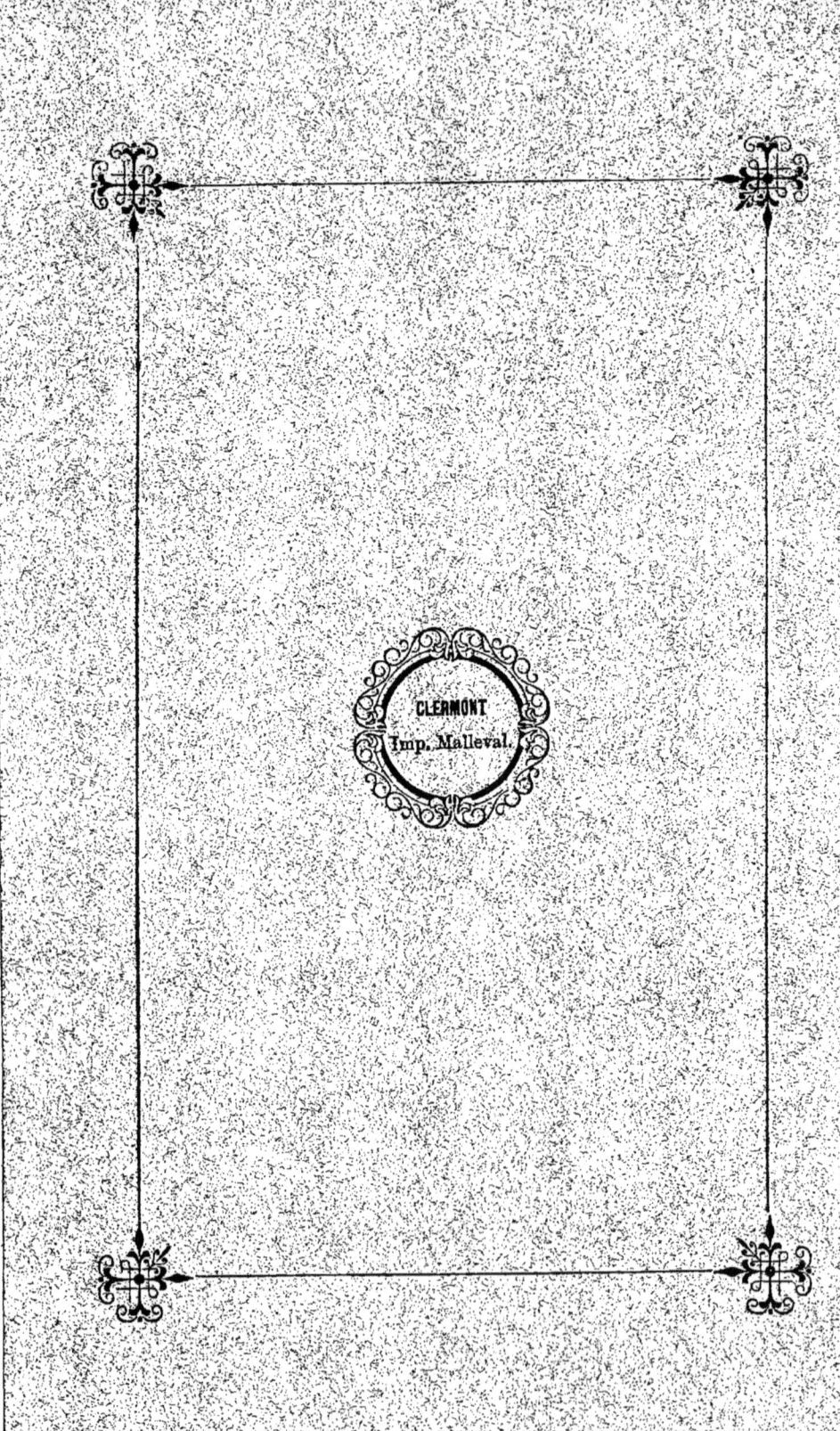

www.ingramcontent.com/pod-product-compliance
Lightning Source LLC
Chambersburg PA
CBHW060621050426
42451CB00012B/2360